AF268302

DU

SUFFRAGE UNIVERSEL

COMBINÉ

AVEC LA REPRESENTATION DES INTERÉTS

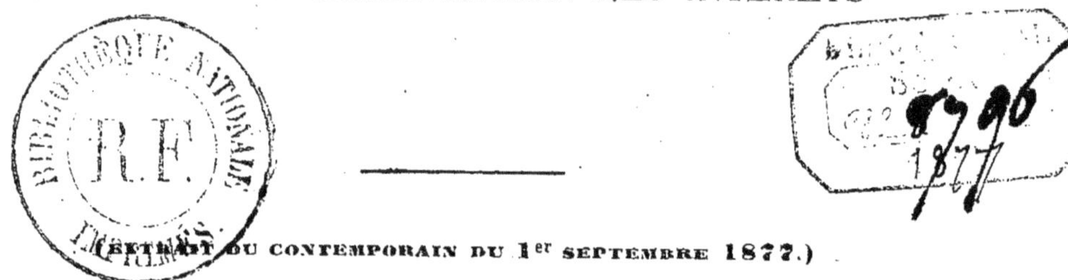

(EXTRAIT DU CONTEMPORAIN DU 1er SEPTEMBRE 1877.)

Si, dans tous les pays qui ont adopté le gouvernement parle-mentaire, la loi électorale est la première et la plus importante des lois constitutionnelles, le mode d'élection déterminé par cette loi est la pierre de touche du gouvernement lui-même.

La France, en moins de cent ans, a passé par tous les systèmes de vote, depuis les électeurs à 1,000 fr. de contributions fon-cières jusqu'au suffrage dénué de toute condition et de toute charge.

Ce n'est pas le lieu, dans les courtes considérations que nous voulons aujourd'hui présenter, de faire l'historique de tout le système électoral français et d'en discuter les inconvénients ou

les avantages. Nous nous trouvons en présence du suffrage universel, qui forme actuellement la loi, et c'est sur lui tout spécia-
lement que nous appelons l'étude et l'examen.

Chacun tour à tour le préconise, le redoute, l'attaque, le dé-
fend, le déclare un instrument de ruine ou le palladium de la
liberté, l'exalte comme un principe indiscutable ou y voit une
cause de mort inévitable pour le pays. Opinions qui, dans leur
diversité et leur opposition, sont peut-être un peu absolues de
part et d'autre !

Sans doute, on ne peut pas ne point le reconnaître, il est à re-
gretter que le suffrage universel nous soit venu d'une manière
trop précipitée et sans une préparation suffisante. Le gouvernement provisoire, qui nous l'a imposé en 1848, dans un jour à la
fois de surprise et de terreur, a obéi bien plus à un entraînement
et à un vain désir de popularité qu'à un besoin réel ou à un des-
sein sagement calculé. Il eût été bien préférable de ne pas atteindre immédiatement d'un seul bond l'extrémité du vote direct
pour tous, et de ne pas livrer subitement le pays aux flots d'une
démagogie sans frein et sans limite.

Mais, à l'heure présente, il y a un fait acquis avec lequel il faut
compter. Le suffrage universel existe, il a pris possession de la
loi, il a même un peu pris possession des mœurs. Il serait impru-
dent, il serait presque impossible de le supprimer ou même de
le réduire tout à coup dans une trop forte mesure ; et cela pour
plusieurs raisons faciles à déduire :

1° Parce qu'il a, au fond, son côté légitime et son rôle partiel-
lement défendable. Il est naturel, en effet, que tous ceux qui par-
ticipent aux charges publiques, et tous y apportent leur partici-
pation directe ou indirecte, aient également la faculté de nommer
les représentants qui sont les juges et les arbitres de ces charges.

2° Parce qu'une possession ininterrompue de trente années à
travers des gouvernements de diverse origine et de diverse nature constitue une sorte de droit qui mérite quelque considéra-
tion, et ne saurait recevoir que des modifications prudentes et
appuyées sur des motifs sérieux.

3° Parce que des restrictions de peu d'importance ou mal com-
binées ne diminueraient pas sensiblement les inconvénients qu'il
présente.

4° Parce qu'il est toujours d'une sage politique et d'une admi-
nistration intelligente d'éviter les récriminations même peu fon-

dées et d'écarter les revendications qui se croient le droit d'être violentes en raison de ce qu'elles peuvent faire valoir en leur faveur quelque spécieux prétexte.

Les esprits politiques, en général, veulent donc le maintien du suffrage universel; mais ils comprennent en même temps, avec plus d'unanimité encore, que le nombre, qui n'exprime que la force brutale, ne doit pas être le dominateur exclusif et le souverain absolu d'une nation, que la multitude seule ne saurait avoir le privilége d'imposer ses préjugés ou ses passions, que le droit peut appartenir à tous sans être identiquement égal pour chacun, que l'intérêt social, se composant non-seulement du nombre, mais des valeurs, des situations, des apports individuels ou collectifs, doit tenir compte, dans une proportionnalité à établir, de l'un et des autres. Ils regarderaient donc comme également avantageux et légitime de combiner ce nombre et cette force matérielle avec d'autres éléments, qui seraient la représentation d'intérêts plus élevés et dont l'importance morale et sociale ne serait pas moindre.

La difficulté demeure toujours dans cette combinaison même, dont on n'a pu jusqu'ici trouver la formule dans des conditions acceptables. L'exemple des autres peuples, dont on a appelé souvent les institutions en témoignage et dont aucun n'a admis sans réserve le suffrage universel direct tel qu'il fonctionne en France, a été invoqué à divers points de vue; et les citations qu'on en pourrait offrir allongeraient les considérations que nous voulons le plus brièvement possible exposer et ne seraient pas d'ailleurs d'une force déterminante, en raison même de la diversité des habitudes, des mœurs, des points de départ, des buts à atteindre, de la nature des gouvernements, du génie particulier des gouvernés.

S'il faut donc ne chercher que chez nous et dans les éléments qui nous sont propres la solution du problème, nous devons, en même temps, nous rendre compte de la difficulté non moins que de la nécessité de la tâche. La dernière Assemblée nationale elle-même, celle de 1871, qui avait senti, par sa particulière expérience, tous les inconvénients et les dangers du suffrage universel absolu et qui désirait le modifier, l'a maintenu intégralement, au contraire, par l'impossibilité où elle a été de découvrir et de faire accepter une modification d'autant plus délicate qu'elle lui paraissait plus urgente. Ce qui s'est passé depuis, en condamnant de plus en plus le système électoral tel qu'il fonctionne et en manifestant d'une manière éclatante ses défauts et ses périls, semble en rendre la réforme plus indispensable encore.

Dans l'Assemblée de 1876, les entraînements d'une réaction contre la tentative avortée du 24 mai et contre le ministère **Buffet**, auquel on avait supposé la prétention de diriger le suffrage universel, a fait exprimer à celui-ci un vote qui dépassait évidemment l'opinion réelle du pays ; et la Chambre des députés s'est trouvée bien plus démocratique, animée de passions plus mesquines et plus tracassières que ne l'était la nation elle-même. Alors, en présence du danger manifeste de verser dans l'ornière démagogique, voici le ministère du 16 mai, qui ne témoignant pas d'une plus grande confiance dans le suffrage universel non dirigé, en met également à nu, dans la pratique, toutes les défectuosités.

Quoique notre faible voix doive se perdre au milieu de la lutte si grave qui est déjà ouverte, il ne nous en paraît pas moins opportun qu'elle vienne signaler le mal au moment où il s'accuse avec le plus d'intensité ; et cela même nous semble un motif de plus d'apporter notre essai de solution, du moins comme sujet d'études au milieu de toutes celles qui ont été jusqu'ici vainement proposées.

Parcourons d'abord rapidement les principales modifications qui ont été soumises à l'examen des législateurs ou de l'opinion publique et présentons sur chacune d'elles quelques simples observations.

L'un de ces systèmes consistait à attribuer un vote double, triple ou quadruple :

A l'électeur *plus âgé*, parce qu'il est censé agir avec plus de discernement ;

A l'électeur *marié*, parce qu'il représente l'intérêt de la famille, gage d'ordre et de stabilité ;

A l'électeur *père d'un plus grand nombre d'enfants*, parce que en se montrant plus utile à la patrie et ayant plus de liens avec elle, il doit être plus empressé, plus jaloux, plus désireux de la défendre ;

A l'électeur *qui acquitte plus de contributions*, parce que son intérêt propre se confond de plus en plus avec l'intérêt public, à la sauvegarde duquel il est davantage incliné.

Nul de ces modes n'a réuni l'assentiment général ; on a formulé contre tous des objections de diverses sortes, dont les principales sont :

D'offrir une application difficile; il faudrait, en effet, un bulletin spécial et motivé pour chaque électeur qui aurait un droit différent;

D'augmenter insuffisamment les garanties, car il n'est pas prouvé que l'âge, le mariage, le nombre des enfants donnent de saines idées d'ordre et de conservation à ceux qui en sont malheureusement dépourvus;

De mettre les électeurs personnellement en présence les uns des autres avec des droits dissemblables et à la fois non toujours légitimement motivés.

Un système qui a passé, du moins pendant quelque temps, par l'épreuve de l'application, est celui de la loi du 31 mai, consistant à n'accorder l'inscription sur la liste électorale et par conséquent le droit de suffrage qu'aux citoyens qui étaient taxés à trois jours de prestation ou acquittaient en impositions d'autre sorte une valeur équivalente. C'était une mitigation du seul empire du nombre qui pouvait bien paraître justifiée; mais cette radiation de deux à trois millions d'électeurs a causé une telle émotion et a été exploitée avec tant d'acrimonieuse habileté par les passions démagogiques et les convoitises napoléoniennes qu'elle a dû disparaître de la législation, après avoir été un des prétextes du coup d'État du 2 décembre.

Il est encore un autre mode, qui a été seulement mentionné parmi nous plutôt que proposé formellement. Il consistait, à l'instar des centuries de l'ancienne Rome et surtout de la votation adoptée en Allemagne, d'établir, en faisant trois parts de la quotité totale des contributions, trois classes d'électeurs, l'une des plus forts imposés, l'autre des imposés moyens, la dernière, de beaucoup la plus nombreuse, composée avec les petites cotes et le reste de la population, et d'attribuer à chacune de ces catégories une valeur et un droit égal dans la représentation nationale.

Ce système, qui fonctionne avec avantage chez nos voisins, outre le mérite d'avoir été éprouvé par le succès, a celui de faire une part plus considérable aux plus intéressés et de n'écarter néanmoins personne du scrutin.

Mais, en dehors de l'inconvénient d'être un nouvel emprunt aux Allemands, auxquels nous en avons déjà fait beaucoup, il présenterait le risque d'être promptement décrié parmi nous, comme relevant le régime des classes et divisant les citoyens en catégories, qu'on qualifierait bien vite d'aristocratie, de bourgeoisie et de prolétaires. Ce n'est pas pourtant, s'il n'en était présenté de meilleur, qu'on dût le repousser d'une manière absolue, parce que le reproche d'inégalité que nous indiquions est vraiment un prétexte peu sérieux, et que les classifications établies entre les électeurs ne seraient ni définitives ni par conséquent blessantes, étant variables comme les fortunes qui montent et qui baissent avec l'industrie, le travail, la bonne conduite et le mérite.

Enfin le suffrage à deux degrés, qu'on a invoqué bien des fois et que plusieurs, à l'origine, considéraient comme le seul suffrage universel possible, offrirait également, en principe, un avantage incontestable sur le suffrage direct. Il rapprocherait l'élu de ses mandants du premier degré et leur donnerait le moyen de le choisir en plus grande connaissance de cause et en plus complète liberté que ne le font les électeurs actuels pour leur mandataire direct. Il permettrait ainsi d'éviter, du moins en majeure partie, les intrigues, les captations, les pressions, les entraînements qui s'exercent sur toute une circonscription et correspondent à ceux qui, comme un courant parfois irrésistible, se produisent sur la France entière.

Mais, d'autre part, ce système, déjà plusieurs fois présenté, a toujours été écarté; il ne semble pas avoir de chance d'être accepté, du moins à l'heure actuelle, par l'opinion. Il est douteux d'ailleurs qu'avec la discipline démagogique il fût longtemps à produire au premier degré des choix qui ne fussent pas dictés par des passions et des cabales aussi fortes que celles qui sont actuellement en jeu. Et puis il fonctionne déjà, au moins sous une certaine forme, pour l'élection d'un des pouvoirs de l'État, pour l'élection du Sénat, et il serait difficile d'en faire usage, fût-ce d'une façon un peu variée, pour les deux Chambres.

Voilà donc ainsi écartés les divers modes dont il a été question jusqu'à ce jour; et pourtant il est impossible, il faut le redire, que le système électoral subsiste indéfiniment tel qu'il est, c'est-à-dire que le nombre continue à gouverner le droit absolument et fasse la loi sans tenir aucun compte du mérite, du travail, de l'effort, de l'intelligence, de la valeur acquise, de la richesse sociale.

Sans doute, le suffrage universel ne fait pas périr immédiatement une nation, et la France est elle-même de ce fait une démonstration évidente, puisqu'à travers toutes les révolutions elle a subsisté depuis trente ans avec lui, sinon malgré lui. On doit même ajouter que dans ces deux cas, un temps de calme complet ou un temps de crise menaçante, il a parfois le bon sens d'aller à l'élite, à la supériorité, au talent et, par suite, au salut. Mais en temps de passion politique et de révolution, il proscrit au contraire ces mêmes distinctions qui l'avaient attiré en d'autres circonstances, et il ne sait plus que reconnaître et suivre des flatteurs qui le trompent et des maîtres qui l'exploitent.

Des garanties qui maintiennent la sage et bonne direction de son jeu sont donc invoquées au nom d'une légitime prévoyance. On réclame de toutes parts, non pas, on peut le dire, contre lui, mais en sa faveur; non pas désormais pour le contester ou le détruire, mais au contraire pour le raffermir et le sauvegarder.

Mais où trouver ces garanties complémentaires qui, en ne portant aucune atteinte aux droits acquis, doivent rassurer les uns sans blesser les autres, et offrir un appui à la stabilité sans donner de prétexte aux récriminations et aux rivalités jalouses? Nous croyons qu'on peut être autorisé à les demander à ce qui constitue parmi nous les meilleurs éléments des forces sociales, non pas tant au point de vue individuel qu'au point de vue d'ensemble. Et par ces forces sociales nous entendons :

1º L'*intelligence*, comme la somme des efforts obtenus par le travail et l'expérience pour atteindre une supériorité morale;

2º L'*industrie* et le *commerce*, comme l'expression d'une richesse, d'un bien-être, de jouissances acquis à la masse entière et étendant, avec les relations, la puissance intérieure et extérieure du pays;

3º La *propriété*, comme la représentation d'une valeur territoriale obtenue par un labeur méritant et utile à la généralité.

Ce que nous prétendons offrir ici comme un caractère un peu plus particulier de notre système, c'est que nous demandons à ces trois forces un concours non pas individuel, mais collectif. Nous allons nous expliquer.

Nous prenons pour exemple un collége électoral quelconque, composé de 18,000 électeurs, c'est-à-dire de 18,000 voix. Nous maintenons pour ces 18,000 électeurs le suffrage universel direct dans les conditions actuelles. Nous en attribuerons un tiers de plus, c'est-à-dire 9,000, aux trois grandes forces sociales que nous avions indiquées, savoir :

3,000 aux suffrages collectifs de l'intelligence ;

3,000 aux suffrages collectifs de l'industrie et du commerce;

3,000 aux suffrages collectifs de la propriété.

Dans la première catégorie, l'*intelligence*, nous comprendrons tout ce qui a un diplôme de *bachelier ès lettres* ou *ès sciences*, c'est-à-dire tous les membres des académies et universités, les élèves de toutes les écoles du gouvernement, polytechnique, centrale, forestière, de Saint-Cyr, navale, tous les avocats, avoués, notaires, magistrats, les docteurs en médecine, les citoyens qui, diplômés, n'ont pas de profession spéciale.

La deuxième catégorie renfermerait, comme représentant l'*industrie* et le *commerce*, tous les *patentés* payant un chiffre d'impositions attribuées à la patente de 75 francs et au-dessus, mais en abaissant, s'il le fallait, ce chiffre de manière à ce qu'il y eût toujours au moins 300 électeurs dans une même circonscription.

La troisième classe comprendrait, au nom de *la propriété*, tous ceux dont le montant des *contributions foncière*, des *portes et fenêtres, mobilière*, atteindrait le chiffre de 150 francs et au-dessus, mais en abaissant, s'il le fallait, le taux de ce chiffre, pour qu'il y eût toujours dans la circonscription électorale au moins 500 électeurs de cette catégorie.

Les contribuables qui paieraient à la fois une patente de 75 fr. et une imposition directe égale ou supérieure à 150 francs, ne voteraient qu'avec les patentés, de manière à ce qu'il n'y eût dans ces deux catégories qu'un seul vote pour les électeurs inscrits à l'une et à l'autre.

Le vote ne serait compté individuellement dans aucune des trois catégories que nous venons de désigner. Ce serait le chiffre d'ensemble fourni par la majorité du suffrage qui donnerait seul le résultat total, en conférant au groupement des intérêts sa vraie expression, et en lui attribuant une représentation collective. Ce qui équivaudrait à dire que ce ne seraient pas les hommes d'une instruction plus ou moins supérieure, les industriels d'une habileté plus ou moins heureuse, les créateurs ou les possesseurs d'une richesse plus ou moins étendue, mais l'élévation intellectuelle du pays, sa force de production, sa puissance territoriale, qui seraient représentés dans l'urne du scrutin.

Ainsi, pour suivre l'exemple que nous avons posé, dans un

collége composé actuellement de 18,000 électeurs, le candidat qui aurait pour lui 11,000 voix des électeurs votant individuellement au scrutin direct, plus les 3,000 voix de l'industrie, c'est-à-dire 14,000 suffrages, serait élu contre celui qui aurait pour lui 7,000 électeurs, plus les 3,000 voix de l'intelligence et les 3,000 voix de la propriété, c'est-à-dire seulement 13,000 suffrages; et de même, celui qui aurait 13,600 voix des électeurs, serait nommé contre celui qui aurait les 9,000 voix de la représentation des intérêts et 4,400 voix des électeurs individuels, c'est-à-dire seulement 13,400 suffrages.

Les chiffres précédents (18,000; 9,000, 3,000), que nous avons posés comme de simples exemples, varieraient proportionnellement, bien entendu, dans chaque circonscription électorale, suivant le nombre des électeurs inscrits directement sans condition d'une part, et de l'autre selon le nombre des électeurs faisant partie des trois catégories indiquées, en ayant toujours soin de maintenir, du moins pour les deux dernières classes, le *minimum* que nous avons fixé.

Nous croyons qu'il y aura dans tous les colléges électoraux une quantité suffisante d'électeurs de la première catégorie, celle des diplômés; car ils représentent, en dehors des fruits secs, tous ceux qui ont passé sur les bancs de l'enseignement secondaire, qui ont reçu quelque éducation et qui forment la partie éclairée de la nation.

Quant aux patentés, leur nombre total est de 175,000 pour le département de la Seine, de 1,500,000 pour les autres départements. Ce qui, en prenant une moyenne, ferait 17,500 par département et 4,000 environ par arrondissement.

Il y aurait sans doute à retrancher les cotes inférieures à 75 francs, qui sont les plus nombreuses, mais celles qui seraient égales ou supérieures resteraient encore en quantité assez grande pour représenter, au nom de tout un ordre d'affaires, un intérêt essentiel et vital.

Quant à la catégorie des contribuables à 150 francs, il faut se rappeler que les électeurs à 200 francs, formant tout le corps électoral sous le gouvernement de Louis-Philippe, étaient déjà, à la fin de ce règne, près de 300,000, et que, depuis lors, avec l'augmentation de la fortune publique, et en tenant compte de la diminution de 50 francs que nous proposons, le chiffre actuel devrait s'en élever à près de un million, réparti dans tous les colléges.

Il serait d'ailleurs facile, suivant que la convenance d'augmenter ou de diminuer le nombre des électeurs se ferait sentir, d'élever ou d'abaisser ces chiffres, d'après les indications d'une statistique dont nous ne possédons aujourd'hui que les premiers et préliminaires éléments.

Et, en tous cas, ces intérêts ont une force assez prépondérante et une consistance assez importante pour justifier, à tous égards, l'intervention dans le vote que nous leur attribuons.

L'ensemble de ce système, qui nous paraît très-simple, et sur lequel nous nous permettons d'appeler une discussion particulière, ne changerait rien à ce qui existe actuellement : ni à la division des colléges, ni au sectionnement des communes, ni aux listes électorales, ni à aucune des conditions de droit et de fait de l'électorat personnel. Il n'y aurait de plus que trois bureaux au chef-lieu de la circonscription, où viendrait se réunir et voter chacun des trois groupes des diplômés, des patentés et des contribuables, sans que le suffrage de chacun de ces groupes, qui ne compterait que pour l'ensemble, constituât pour personne un double vote individuel.

Ce serait donc en définitive le maintien et la consécration du suffrage universel direct, avec un correctif qui n'en altérerait ni le jeu ni la puissance, mais ne servirait qu'à le fortifier en le modérant et à l'équilibrer en lui donnant un contre-poids.

Là où l'opinion vraie serait toute-puissante ou en majorité incontestable, le suffrage universel seul vaudrait, ou plutôt il réunirait indubitablement les votes représentatifs des intérêts, qui se confondraient alors avec lui. Là où la division existerait, et les passions seules ou la seule force inconsidérée et violente du nombre menaceraient de l'emporter, des intérêts mieux avisés et plus réfléchis viendraient s'opposer à ces entraînements et rétablir la balance du côté de la raison.

Ce système pourrait s'adapter à toutes les formes de gouvernement qui ont besoin, les uns comme les autres, dans le présent et dans l'avenir, de sécurité et de fixité. Il s'appliquerait à la république parlementaire aussi bien qu'à la monarchie représentative ou constitutionnelle.

La république modérée, telle que notre présente constitution avait eu la prétention de l'introniser, y trouverait un appui contre les tendances qui ont gravement compromis ses chances d'établissement durable.

La monarchie n'en tirerait pas un moindre bénéfice. M. le comte de Chambord, qui a invoqué et admis lui-même le *suffrage universel sagement réglementé*, trouverait là, dans un certain sens au moins, cette réglementation qu'il indiquait ; et les représentants plus particuliers de la monarchie constitutionnelle, quand à leur tour leur droit sera consacré par l'hérédité, rencontreraient dans le suffrage universel largement entendu, mais contenu en même temps, la force que le suffrage restreint ne leur a pas autrefois donnée.

Il n'y a que ceux qui veulent exploiter le scrutin au gré de leurs convoitises ou l'opprimer au nom de leurs intérêts, qui pourraient se plaindre de trouver dans quelques mesures, protectrices bien plus que restrictives, un obstacle à leurs efforts et une barrière à leurs mauvais desseins.

Et dès lors, pour nous résumer en deux mots, si on était en possession d'un mode, — celui-là ou tout autre, — qui, en ne conférant aucun privilége, en ne faisant aucune exclusion, offrît cependant des garanties efficaces contre les entraînements irréfléchis des multitudes et la pression exagérée des pouvoirs, on serait arrivé au but que le législateur et les hommes dévoués aux vrais intérêts du pays recherchent depuis longtemps et désirent vainement atteindre.

BAGUENAULT DE PUCHESSE.

10127 — PARIS. IMP. JULES LE CLERE ET Cⁱᵉ, RUE CASSETTE, 29.

www.ingramcontent.com/pod-product-compliance
Lightning Source LLC
Chambersburg PA
CBHW061217050726
47594CB00008B/3691